FLEURS DE VIE

Flore Avelin

Fleurs de Vie

Poèmes – textes poétiques

Editions Persée

Couverture: Benoît Crépin

Consultez notre site internet

Pour tout contact :
Editions Persée — 38 Parc du Golf — 13856 Aix-en-Provence
www.editions-persee.fr

La vie est un enchevêtrement perpétuel de sentiments contradictoires…

REMERCIEMENTS

À ma grand-mère, pour être là, tout simplement.

À mon oncle, François, pour m'avoir aidée à retrouver mes rêves.

À Nathalie Dubus, pour les heures passées à m'écouter choisir un mot plutôt qu'un autre.

À Sébastien Poulmane, pour son incroyable patience.

À Dominique Besnier, pour son soutien et son optimisme quand le mien faisait défaut.

À Benoit Crépin et Christophe Decroix pour m'avoir soutenue, aidée, rassurée.

À Patricia Foucart, pour m'avoir transmis la passion des mots et sa tendresse.

De joies en déceptions, du rire aux larmes, des espoirs aux regrets, ce sont les sentiments qui nous prouvent que nous sommes vivants. Nous passons de l'un à l'autre, selon un détail, un acte, un souvenir. Isolé, chacun de ces états a sa propre histoire. Rassemblés, ils sont notre histoire.

Chaque sentiment comme une fleur. L'ensemble comme un bouquet. Un bouquet d'instants de vie…

Verveine

«Je voudrais vous dire un secret». Divers sens à son langage et parmi eux, secret et poésie.

Ici, elle sera réflexions poétiques sur les sentiments.

L'AMOUR

L'Amour,
Ses joies et ses peines.
Toujours,
Brûlant dans les veines.

Ouvert,
Livre à deux histoires.
Divers
Chagrins et espoirs.

Semblant
De conte ou légende.
Vraiment,
Vibrantes offrandes.

Morsure,
Gravée dans la pierre.
Blessure,
Profonde et amère.

…/…

Envie
D'une fin heureuse.
La vie,
Si tumultueuse.

Regret
Chapitre passé.
Heurté,
Par la Vérité.

Soupir
En tournant la page.
Partir,
Vers d'autres rivages.

Les peurs
Liées à l'amour.
Son cœur,
Dans ces vers, Toujours.

JARDIN DES REGRETS

Assise sur un banc et ne regardant rien,
Sa main sur une pierre aux formes incertaines,
Plongée entre passion, tristesse, joie et haine,
Elle pensait à hier, pleurant sous le jasmin.

Elle distinguait les lys, le lilas et les roses,
Ses chevilles croisées dans l'herbe douce et tendre.
Elle songeait à ses choix, ceux qu'elle aurait dû prendre,
Et changeait son destin, comme une vie sur pause.

Alors tout en rêvant, elle aperçut l'oiseau,
Son passage gracieux, vers un tracé nouveau,
Ses plumes que l'espoir teintait de fins reflets.

Son regard s'éclaira, elle pouvait tout demain,
Elle repassa la porte, la ferma de ses mains,
Elle n'avait plus sa place au Jardin des Regrets.

SOLITUDE

Parfois la Solitude
Est la plus douce amie,
Pas de paroles rudes,
Elle écoute sans bruit,

Elle atténue les plaies
Des cœurs ayant souffert,
Qui sont, car trop blessés,
Fragiles. Comme le verre.

Elle offre des instants,
De repos et de paix
Afin de lentement
Clarifier nos idées.

Et enfin cette amie,
Qui jamais ne s'emporte,
Se retire sans bruit,
Quand s'ouvre notre porte…

NOUS EST UN AUTRE JEU

Nous est un autre Je
Une partie de poker.
Il faut jouer à deux,
On sait ce que l'on perd.

Nous n'est pas un ensemble :
Ce n'est pas toi plus moi.
C'est ce qui nous rassemble
Et enlace nos doigts.

Je c'est simplement soi,
C'est savoir où l'on va
C'est rester sous son toit
Seul maître de ses pas.

Je c'est si loin de toi,
Un jeu de réussite.
On est seul face aux choix,
On gagne ou prend la fuite.

…/…

Tu, est plus compliqué.
On ignore les règles.
Et tantôt abdiquer,
Tantôt jouer espiègle.

Tu c'est s'oublier soi
C'est penser tes désirs
C'est attendre des mois
Pour entendre tes rires.

Nous n'est pas compromis,
Mais équilibre enfin.
C'est ce qu'on a promis,
De toujours à la fin.

Nous c'est le point commun,
Quelque peu hasardeux.
C'est un même chemin :
Nous est un autre jeu.

Roses

Rouges passion ou blanches sincérité. Ou rouges et blanches mêlées, entremêlées.

L'Amour, avec un grand A.

SILHOUETTE DANSANTE

Silhouette dansante, apparue en soirée ;
Rencontrée par hasard, par un coup du destin.
Un coucher de soleil éclipsait, sans regrets,
L'allure dépassée d'un sourire mutin.

Dans un cadre idyllique, parfait au dernier point,
Son imperfection semblait briser le rêve
Qui doucereusement s'installait sur la grève
Alors que dans son cœur, les songes étaient loin…

Ce que sa bouche pâle offrait d'espièglerie
Le reste de son corps démentait aussitôt.
Et dans un paysage couvert de joyaux,
Sa présence et sa voix étaient intempéries.

Ses yeux couleur de bois, tristes et sans éclat,
Scrutaient cet horizon sans en voir la magie :
Il manquait la lueur, l'étincelle de vie,
La touche de douceur qui vous donne une aura.

…/…

Ses doigts frôlant mon bras me laissèrent de marbre
Mais le vent sur ma peau me faisait frissonner.
Son souffle près de moi me paraissait glacé
Face au soleil levant qui embrasait les arbres

Silhouette furtive à deux pas de mon cœur.
Tentant, tant bien que mal, d'accrocher mon regard.
Mais moi j'étais aveugle, insensible au hasard
Qui sur ma route vide apportait le bonheur.

Je voyais le soleil, l'océan, les falaises ;
Je sentais tous les muscs et les parfums fleuris ;
J'entendais les oiseaux. J'étais sourde à ses cris.
Je goûtais à la vie sans toucher son malaise.

Silhouette attentive au moindre de mes pas.
Si près, si près de moi que, tendre, j'aurais pu,
En un geste, un écho à ses aveux perdus,
Envelopper son corps du manteau de mes bras.

…/…

Soleil, ô doux soleil, en rayonnant si loin,
Tu fis du Paradis, l'Enfer qui me perdrait,
De mon cher océan, lieu où je me noierai…
Tu n'étais pas lumière dont j'avais tant besoin.

Silhouette dansante échappée un matin,
Ses yeux, sa voix, sa peau étaient biens précieux,
Sa présence et sa vie, astres majestueux.
Il fait nuit dans mon cœur sans sourire mutin…

MAIS…

Je voulais t'aborder.
Mais les mots m'échappaient.
Je voulais te parler.
Mais ma voix hésitait.
Je voulais t'enlacer.
Mais l'audace baissait.
Je voulais t'embrasser.
Mais ton amour manquait.

J'ai tenté de te voir.
Mais tu disparaissais.
J'ai tenté de prévoir
Ce que tu ressentais.
J'ai tenté de te croire.
Mais je ne comprenais.
J'ai tenté de savoir.
Tu ne voulais parler.

…/…

J’essayais de sourire,
Mes lèvres se figeaient.
J’essayais de t’écrire,
Mes doigts s’engourdissaient.
J’essayais de te dire
Que pourtant je t’aimais.
J’essayais de partir,
Pourtant je suis restée.

RENCONTRE

Goutte de pluie dans le ruisseau
Goutte de vie dans la ruelle
Ni vraiment laid, ni vraiment beau
Indifférence habituelle.

Croisé pour la première fois,
Ou déjà vu mais oublié,
Détail marquant, je ne sais quoi,
Regard posé, trop appuyé.

Indiscrétion sur son passage,
Indiscrétion accidentelle,
Gêne passant sur le visage
Et sourire en échappée belle.

Geste pensif, presque distant
Ses yeux, sa voix, une évidence
Chercher à prolonger l'instant,
Banalité de circonstance.

…/…

Début du jeu de séduction,
Début d'un jeu intemporel,
Parler de lui, de ses passions,
Bientôt le voir exceptionnel.

De confidence en souvenir
Regards croisés, beaucoup plus doux.
Ne plus rien voir que son sourire
De la rencontre au rendez-vous.

De vous, à tu, à nous.

DE SA MAIN SUR TA JOUE

De sa main sur ta joue
Au regard sur ton corps,
De tes lèvres au cou
Et ton sourire encore.
Je jalouse et je hais
Ce tout.

De mon cœur qui s'affole
Lorsque je vois glisser,
Le long de tes épaules
Cette étole froissée.
Je tremble et je m'effraie
De tout.

Du regard passionné
Qui n'était pas pour moi,
Aux mots attentionnés
Que je voulais pour toi.
Je meurs et j'ai regrets
Sur tout.

…/…

Pour mon choix du silence,
Ta voix et tes récits,
Mes fautes, réticences,
Ton entrée dans ma vie.
Je t'aime et je me hais
Pour tout.

Pavots

À la nuit tombée, Morphée nous tend les bras. Rêves, fantasmes, angoisses.

Minuit, les songes sont seuls maîtres des lieux.

RÊVES D'AMOUR

J'ai rêvé d'amour, et c'était de toi,
J'ai ouvert les yeux et tu étais là,
J'entendais ton cœur, tu ne parlais pas,
Je n'ai vu que ça, toi tout près de moi.

J'ai rêvé d'un jour, c'était avec toi,
Je parlais d'amour et tu étais là,
J'ai vu un sourire ne cessant pas
Et j'espérais tant qu'il serait pour moi.

J'ai rêvé d'amour pour être avec toi,
Pour sentir ton cœur battre contre moi :
Doux et tendre songe. Chaque jour le même.

J'ai rêvé d'amour, juste dans tes bras,
J'ai goûté la vie car tu étais là.
J'ai rêvé d'un jour où dire je t'aime.

À L'HEURE OÙ LA LUNE PARAIT

À l'heure où la lune paraît,
Où la nuit tombe doucement,
Se serrent les corps enlacés :
Premier baiser très lentement.

Il ne reste point de passantes
Pour déambuler sans projets,
Toutes nous nous sentons amantes.
En actes proches ou pensées.

Dans les rêves voluptueux,
Nous jouons en avant-première
La main glissant dans les cheveux,
Approches un peu cavalières.

Il a suffi d'un seul sourire,
Pour me convaincre, frissonnante,
De renouer aux doux plaisirs
De peaux à peaux laissées brûlantes.

.../...

Dans les mirages amoureux
Reviennent toujours, insolents,
Après les baisers langoureux
Programmes assez indécents.

Il a suffi de voir ses yeux
La porte ouverte sur la chambre
Pour désirer goûter au jeu
Où, passionnés, les corps se cambrent.

Et si la lune par hasard
Vient éclairer nos corps étreints
Elle n'y verra qu'une œuvre d'art
Art de s'aimer dans le satin.

Elles sont tendres ces amours,
Caresses sans engagement
Point de promesse ou de toujours.
Juste nos lèvres doucement.

SOLEIL LEVANT

Le soleil se levait,
Éclatant.

Je te voyais venir,
Lentement.

Les perles de rosée,
Doucement,

Reflétaient ton sourire,
Si touchant.

Tes doigts se rapprochaient,
Hésitants,

Caressant mon visage,
Un instant.

Alors je t'embrassais,
Tendrement,

Dans ce doux paysage,
Enchantant.

…/…

Je me suis éveillée,
Brusquement.

S'envolent les plaisirs,
Innocents.

Le soleil est levé,
Maintenant.

Et je te vois partir,
Tristement.

PRIÈRE NOCTURNE

Au coucher de soleil,
Quand la lune affectionne
De m'ôter le sommeil
Et mes espoirs bâillonnent.

Protège-moi de tout.
Et de moi davantage,
Mes peurs et mes dégoûts,
Doutes qui me ravagent.

Des guerres intérieures,
Pour sortir triomphante,
Demande protecteur,
Guide, âme bienveillante.

Mes nuits sont sans étoiles,
Les astres écorchés,
Aux fenêtres des voiles ;
Viens donc me rechercher,

.../...

Au fond de mes méandres,
Mes pluies de météores,
Mes fleurs devenues cendres,
Et si tu veux, encore…

Tu garderais mes rêves,
Chasserais mes démons,
Pour instaurer la trêve
Préservant ma raison.

Puisses-tu veiller sur moi
Jusqu'à ce que l'aurore
Chasse une ultime fois
La nuit qui me dévore.

Bouquet de fleurs des champs

Parfois, un bouquet n'est rien d'autre qu'un ensemble de fleurs. Fleurs que rien ne semble rapprocher. Il ne porte pas de message précis. Il est. Tout simplement.

LA PROCLAMATION DU POINT D'EXCLAMATION !

En « imitation » de « Pavane de la virgule »
d'Andrée Chédid

Mon rôle : indiquer des interjections !
S'exclame le point d'exclamation.
Alors que le point d'interrogation,
Perd son temps à poser des questions.

Je suis le sceptre de l'élocution !
L'unique gouverneur de la diction !
Je vous préviens : attention !
Suivez mes indications !
Dans les règles de la ponctuation,
Je le dis sans aucune hésitation,
Si vous ignorez ma personne,
Vos textes seront monotones !

Quant au point d'interrogation,
Il ressemble à un champignon !
Ventru, dodu, sans importance,
Il est le doute et l'ignorance.

Je le dis, l'affirme et en suis certain,
Je suis indispensable aux écrivains.

ACROSTICHE : JE T'AIME

Je nage en plein mirage en attendant l'aurore
Et son visage danse en regardant dehors.
Troublée par un sourire ; je ne peux plus parler,
À entendre son rire et me voilà figée.
Inévitablement je rêve de bonheur,
Mais l'histoire s'achève en sombrant dans les peurs ;
Et la porte se ferme à deux pas de son cœur…

UNE LARME

Une larme,
Essuyée,
Vague à l'âme,
Esseulée.

Une pluie,
Laissée là ;
Puits d'oublis :
Lasse-moi…

Un ruisseau
D'obsessions :
Ivresse au
Goût passion.

À la mer,
Dériver
Et l'amer
Regretter

…/…

Goutte d'eau,
Canéphore,
Goutter au
Long effort.

Une nuit
Sans orage,
Amnésie,
Temps et âge.

Un torrent,
Exalté,
Enivrant,
Extasié.

Océan
S'y mêler,
Si souvent,
S'y noyer.

Et soudain,
Souvenance.
Un matin :
Dans la danse.

Recommence…

TOUT COMME UNE LIBÉRATION

Tout comme une libération,
Fin d'une mauvaise saison.
On réécrit le scénario,
On cherche de nouveaux héros.

On oublie le prince charmant,
Nouvelle page de roman.
Des brouillons on ne garde rien
On recommence stoïcien.

Mais on se perd dans les destins,
Même la plume a du chagrin.
Et elle inscrit le nom des armes,
De son encre mêlée de larmes.

Ces quelques mots sont pour l'auteur,
Ce qui retient les derniers pleurs.
Choisissant pour début de tout,
Ruisseaux de larmes sur les joues.

Magnolias

« Amour de la Nature ». Voilà le message que cette fleur transporte. On peut l'aimer pour ce qu'elle est, pour ce qu'elle inspire, pour ce qu'on y voit…

Parce que la poésie est en chaque lieu, que la nature est poétique, il serait impensable de ne pas la penser…

ÉTENDUE BLEUE MYSTÉRIEUSE

Étendue bleue mystérieuse,
Aux abîmes pleins de secrets,
Où toutes les vagues fougueuses
Ont emporté mille regrets.

Le sable fin en profondeur,
Recouvrant les trésors d'antan,
Depuis toujours garde l'odeur
D'autres mondes plus enivrants.

Elle a porté tant de bateaux,
Et entendu tant de récits,
Que dort encore dans les flots,
Le livre de nombreuses vies.

La Belle s'approche parfois,
Et apporte sur le rivage,
Témoignages laissés sans voix,
Ou quelques rêves sur la plage.

Et puis s'éloigne la marée,
Attirante mais dangereuse,
Fermant la porte des secrets,
L'étendue bleue, mystérieuse.

GARDIENS DES SECRETS

J'ai rêvé d'un sourire et j'ai rêvé de mots,
Le cœur à la dérive entre la terre et l'eau,
Assise dans le sable, sous le ciel si beau,
Assise sur la plage et le vent sur ma peau.

Les souvenirs passaient comme vient la marée,
Vers mon âme alourdie des chagrins refoulés,
Je créais l'avenir, les vagues se formaient,
Je chuchotais la vie à la nuit qui tombait.

La lune et les étoiles reflétaient sur l'onde
Triste mélancolie dont notre monde abonde.
Minuit a ses tréfonds que seule Dame Blonde
Partagea avec lui, quelques douces secondes.

Et le temps d'un regret, d'une larme échappée,
L'océan et la nuit sont gardiens des secrets.

NATURELLEMENT TOI

J’ai regardé par la fenêtre,
Et j’ai vu le soleil briller,
L’éclat sur les feuilles du hêtre
M’a remémoré ta beauté.

J’ai regardé vers l’océan,
Admiré son étendue bleue,
Ses vagues se formant au vent,
Sa profondeur comme tes yeux.

J’ai regardé dans les jardins,
Et j’y ai vu quelques rosiers,
Le rose pâle de leur teint,
Comme tes lèvres satinées.

J’ai regardé des chutes d’eau,
Et leur fougue se déversant,
La rapidité du ruisseau,
Alors je t’ai revu riant.

J’ai regardé par la fenêtre
Et j’ai gardé en souvenir
L’éclat sur les feuilles du hêtre,
Et le plus beau de tes sourires.

OCÉAN

Aux millions de couleurs,
Aux milliers de nuances,
À l'écume qui danse,
Aux embruns voyageurs.

Aux secrets enfouis,
Aux bateaux qu'il transporte,
Aux poissons en cohorte,
Au passé ressurgi.

Aux peuples oubliés,
Aux mythes insolites,
Au temps de la pyrite
Aux anciens flibustiers

Aux soubresauts soudain,
Vagues impétueuses,
Houle tumultueuse,
Colère des ondins.

…/…

Sous les eaux cristallines :
Navires engloutis,
Fragments de Paradis,
Sirènes assassines.

Au calme revenu
Qui se dissipera,
À cette retenue
S'envolant en éclats.

Aux bourrasques de vent
Océan.

Glycine

Il ne s'agit « que » de tendresse, d'amitiés, mais cette douce affection est réciproque.

Elle se garde au fond du cœur.

Toujours.

TU M'AS DIT…

Tu m'as dit je ne vais pas loin,
Petite fleur de magnolia,
Attends-moi là car je reviens,
Sois patiente et ne bouge pas.

Tu avais ton chemin à faire,
Je ne pouvais t'accompagner :
Tu sortirais de ce désert
Pour sur ma route t'arrêter.

Alors je t'ai laissée partir,
Nous avons pleuré sans rien dire,
Mais je ne t'ai jamais revue.

Tu m'avais dit porte-toi bien,
Ne t'inquiète pas je reviens,
Mais tu n'es jamais revenue.

CHAGRINS

Le vent ne cesse de souffler,
Le ciel est gris et nuageux,
La pluie ne cesse de tomber,
Et la tristesse est dans tes yeux.

Seule tu marches dans la rue,
Et l'eau glisse dans tes cheveux,
Mais tous les sanglots retenus,
Chassent les souvenirs heureux.

Le vent dans les feuilles s'ébroue.
Le temps aura changé demain.
Les larmes coulent sur tes joues.
Qu'en sera-t-il de ton chagrin ?

TROUVANT UNE PHOTO DE TOI

Trouvant une photo de toi
J'ai alors songé au passé,
Quand toutes deux on rêvassait,
Tu faisais des rêves pour moi.

Je te revois toujours riant
Et mille étoiles dans les yeux,
J'avais des rêves pour nous deux,
Certains sans toi le temps passant.

Et quand tu as voulu partir,
Dès que tu n'as plus su rêver,
Mes songes se sont envolés.

Mes nouveaux rêves d'avenir,
Tu ne m'as pas laissé le choix,
Dorénavant, ils sont sans toi.

JE NE SAIS OÙ TU ES

Je ne sais où tu es,
Ni ce que tu y fais,
Je pourrais t'appeler…
De quoi on parlerait ?

J'ai déjà essayé…
Tu n'as pas répondu.
Où tu me manquerais,
Voilà ce jour venu.

Tu fus ma confidente,
Beaucoup plus qu'une amie,
Et tu étais charmante,
Quand tu disais : « souris ! »

Je sais que tu m'aimais,
Une fois tu l'as dit,
Je sais que je comptais,
Mais jamais tu n'écris…

Pourquoi tout refuser ?
Tu souffres. Je le vois,
Je veux juste t'aider,
Ne me repousse pas !

…/…

Je crois encore en toi,
Je crois en nos promesses
Et si tu crois en moi
Rejouons nos prouesses :

Prouesse sur la vie
De chasser nos chagrins,
Prouesse poursuivie
Succès sur malandrin.

Tu restes dans mon cœur,
Une si douce fleur.
Je me souviens des heures,
Éclairées de bonheur.

Ce bonheur c'était toi,
C'était notre tendresse,
À mon tour, je le crois,
De jouer poétesse.

J'ai relu aujourd'hui,
En repensant à toi,
Ce que tu m'as écrit,
Ça commençait com' ça :
« Ainsi font, les petites filles et puis s'en vont »

Circée

Circée ou « l'herbe aux magiciennes ». Ainsi nommée en référence à la magicienne Circée présente dans la mythologie grecque. Le charme, ensorceleur.

Envoûtant ou dangereux…

SAUVETAGE CÉRULÉEN

De prunelles en prunelles,
D'évasion, point de départ;
Accrochée par un regard,
La vie coule puis déferle.

Un océan de pupilles.
Leur intensité nous frôle,
Farandole de symboles
Les sentiments qui y brillent.

Dans les vagues incessantes,
Entre tempête et fracas,
Parmi tant d'yeux sans éclat:
Une étincelle filante.

Un bref mouvement de cils
Dévoila un piège mortel,
Des promesses éternelles
Comme le chant de Sibylle.

.../...

Une lame d'obsidienne
Plus blessante qu'irisée,
Entre vert et mordorée,
Du chagrin humble gardienne.

Un battement de paupière,
Assassine logorrhée,
Enterra le cœur volé
À grand renfort de chimères.

Et l'Ariane abandonnée,
Au passé laissée pour morte,
Ses regrets pour seule escorte,
Dans ces regards se noyait.

D'autres iris pour raviver
L'étincelle qui se mourrait.
Sauver la flamme qui s'éteint,
La guider hors de ces méandres
Phénix renaissant de ses cendres
Sauvetage céruléen

MINITHYA

Fière et juste, femme-reine,
Aux portes de l'Histoire :
Ses espoirs et ses peines.
Un mythe, un feu, un soir.

Souveraine audacieuse,
D'Albanie du Caucase,
D'une union fructueuse
Son avenir s'embrase.

Confins de l'Hicarnie,
Alexandre le Grand,
Celui qu'elle a choisi,
Serait son seul amant.

De ses trois cents guerrières
Elle vient accompagnée.
Aux charmes militaires,
Le roi va succomber.

.../...

Treize jours accordés,
Nous compte Diodore,
Pour cet enfant rêvé
Que, longtemps, elle implore.

Sa force et sa beauté
Ne marquent pas l'Histoire,
Minithya disparaît
Sans autre amant notoire…

Amazone oubliée,
Même son nom s'éteint,
Seul souvenir laissé :
Un baiser de satin.

LE CŒUR

Un jour le cœur va au hasard,
Cherchant sans doute à être aimé,
Tout commence par un regard,
Échangé.

Puis appelé par un sourire,
Il essaie de se rapprocher,
De ce visage qui l'attire,
Envoûté.

Vénus le suit et le rejoint,
Le touche de ses mains habiles,
Et c'est sous ses doigts qu'il devient,
Si fragile.

Dès lors, un peu plus chaque jour,
Quelqu'un occupe ses pensées,
Il commence faute d'amour,
À saigner.

…/…

Mon cœur s'est attaché à toi,
Et, blessé, il ne peut partir,
Ton indifférence pour moi
Fait souffrir.

Sans le savoir, sans le vouloir,
Ton amitié ouvrit la plaie,
Alors mon cœur au désespoir
S'est brisé.

NOIRCEUR D'ÂME

Tu aurais pu cent fois dire la Vérité
Qui mettait en émoi la moindre des pensées,
Déroulant sur la vie un tissu de mensonges
Et plongeant dans l'oubli, fin heureuse des songes.

Parmi anges déchus, au sein de noirs démons,
Complaisante entrevue, flirt, hallucinations.
Au Royaume d'Eris, place toute trouvée.
Du malheur : un délice. Enivrante beauté.

Une ombre malveillante en vol sur tous les choix,
Sur la corde hésitante, étroitesse morale.
Savourer le poison qui a le goût du mal.

Au jeu de trahison, devenir enfin Roi.
De Seth ou de Loki, embrasser les pensées.
Plus rien ne te guérit, embrasé, sans regrets.

Anémone

«Je t'ai aimé, mais j'abandonne». Voici le premier sens. Mais parmi les nombreuses significations contradictoires de cette fleur, s'ajoutent l'attente ou la renaissance…

Si les regrets forcent à abandonner, si l'oubli n'arrive pas, l'espoir d'un renouveau reste possible…

INCERTITUDES

Si tu avais su comment m'aborder,
Si tu avais fait juste quelques pas,
Si tu m'avais dit que tu étais là,
Si jamais…

Et si j'avais su comment te parler,
Et si j'avais fait quelques pas vers toi,
Si je t'avais dit, tu comptes pour moi,
Si jamais…

Si nous avions su comment nous comprendre,
Si nous avions eu des risques à prendre,
Si nous avions pu définir aimer…

J'aurais moins pleuré et toi moins souffert,
Mais de nos désirs fut fait le contraire,
Il ne restera que des si jamais…

INUTILE

Je me suis résignée,
Plus de mots inutiles,
Phrases sans intérêts,
Plus de regards futiles.
Je me suis écartée,
Sans retenir ta main,
J'ai quitté le palier,
Sans te dire à demain.
Sans vouloir te vexer,
J'ai préféré partir,
Je ne te l'avouais,
Je fuyais ton sourire.
Des rêves plein le cœur,
Je voulais t'éviter,
Pour échapper aux pleurs,
De t'avoir trop aimé.

NE ME RACONTE PAS

Ne me raconte pas
Il était une fois.
Ne me l'explique pas,
Je l'ai appris de toi.

Ne me raconte pas
La Belle au Bois Dormant.
Je la connais déjà,
Humble Prince Charmant.

Ne me raconte pas
Cendrillon oubliée.
Ne t'aventure pas
Sur les contes de fées.

Oublie aussi Ariel
Sacrifiant son monde
Amour immatériel
Elle redeviendrait onde.

.../...

Les contes merveilleux
Finissent bien ou mal.
Mais clôturent le feu
Des craintes infernales.

Mon conte doit cesser
Peu importe comment
Il a assez duré
Fin des pertes de temps.

Je voudrais, maintenant,
Te demander ton aide.
Car j'ai besoin vraiment
D'un ultime remède.

Tu m'as appris l'amour,
Mon cœur brûle toujours.
Si on ne peut s'aimer,
Apprends-moi à t'oublier.

TU RESTERAS MA MUSE

J’avais pensé les mots, répété chaque phrase.
J’avais pesé le pour, mis le contre en naufrage.
De tous ces contes fous, relu cent fois les pages.
Choisi pour seule guide : la passion qui m’embrase.

J’avais presqu’oublié qu’au jeu de nos amours,
Il reste ces détails que le temps a posés.
Je crie et je déraille, insoumise aux jurés,
Qu’importait la morale aux yeux de nos « toujours » ?

Dans ta voix je me noie. Tes doutes m’asphyxient.
Les secondes perdues sont comme des poignards.
Les minutes passées me tueront tôt ou tard.
Que dire de ces jours, frappée d’apoplexie ?

Mais ça y est ton absence m’ouvre enfin les yeux :
De tout ce que l’on veut, restent nos différences.
Barrière infranchissable, océan de défiance.
Tu gardes ta méfiance… et c’est peut-être mieux.

…/…

Puisqu'on ne peut gagner à toutes les batailles,
Puisqu'un conte est un conte, un monde merveilleux.
Que le nôtre n'est rien d'autre que soupçonneux,
Résignée, c'en est fait. Et pourtant je défaille.

Puisque nous c'est fini mais que je n'oublie pas,
Tu garderas toujours une place en mes rêves.
Aux lois de la morale on ne résiste pas.
Tu resteras ma Muse au soleil qui se lève.

Imprimé en France
978-2-8231-0573-5
Dépôt légal : 1er trimestre 2014